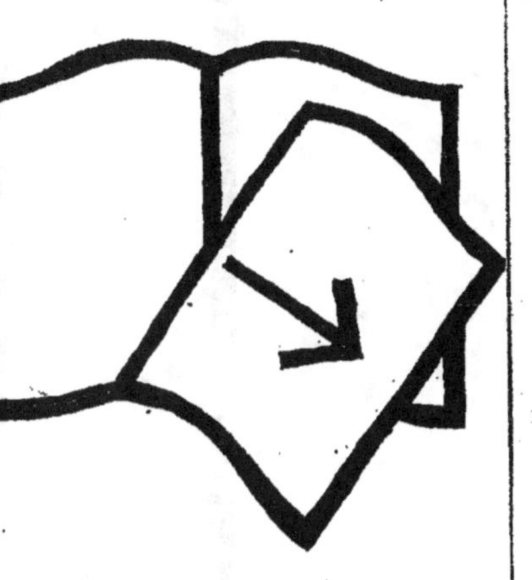

Couverture inférieure manquante

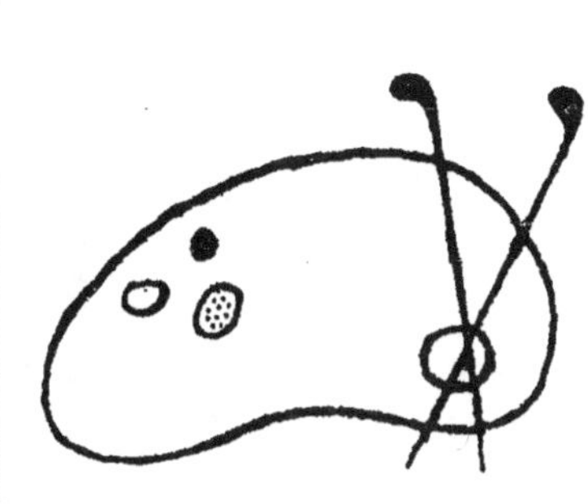

Début d'une série de documents
en couleur

LES TRIBULATIONS

D'UN MAITRE D'ÉCOLE

DE LA ROBERTSAU

pendant la Révolution

PAR

RODOLPHE REUSS

(Extrait des *Affiches de Strasbourg*.)

STRASBOURG

TYPOGRAPHIE G. FISCHBACH

1879

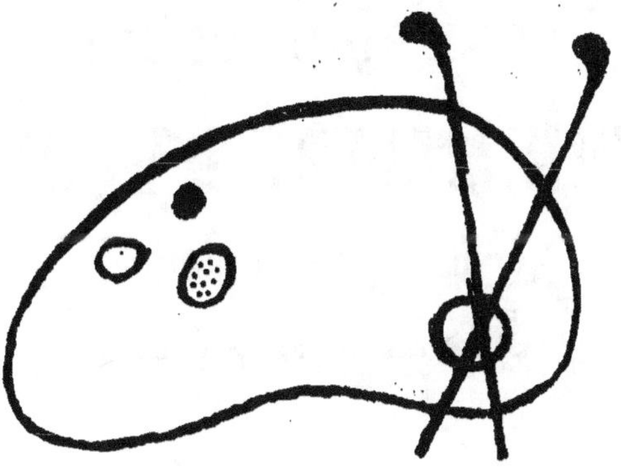

Fin d'une série de documents
en couleur

LES TRIBULATIONS

D'UN MAITRE D'ÉCOLE

DE LA ROBERTSAU

pendant la Révolution

PAR

RODOLPHE REUSS

(Extrait des *Affiches de Strasbourg*.)

STRASBOURG

TYPOGRAPHIE G. FISCHBACH

1879

D'UN MAITRE D'ÉCOLE

DE LA ROBERTSAU

pendant la Révolution.

<hr>

I.

L'histoire générale de la Révolution française semble être définitivement écrite; les événements marquants de cette période grandiose et terrible sont gravés dans la mémoire de tous, et il peut paraître inutile de revenir sur ces temps, soit pour en exalter les hauts faits, soit pour en dépeindre l'horreur et pour maudire les crimes qui les ont souillés. Cela n'est vrai pourtant qu'en apparence, car à chaque instant des publications nouvelles, tirées des souvenirs des contemporains, des papiers de famille ou des dépôts publics, nous montrent combien on peut encore glaner de détails nouveaux sur ce terrain tant de fois déjà moissonné, surtout en s'écartant du centre de la lutte, du grand théâtre de la capitale sur lequel se concentrait presque entièrement l'attention publique.

Parmi les provinces françaises au temps de la Révolution, l'Alsace est une de celles qui possèdent le plus de travaux sérieux sur cette période de leur histoire. Sans compter les innombrables brochures contemporaines — la collection de M. F. Ch. Heitz à la Bibliothèque de l'Université n'en compte pas moins de huit mille — et les ouvrages parus bientôt après, comme le fameux *Livre Bleu*, nous avons eu, dans ces trente dernières années, de nombreux ouvrages sur ce sujet. Nous rappellerons seulement les derniers volumes de l'*Histoire d'Alsace*, de Strobel, rédigés par M. Engelhardt; l'*Histoire de la Révolution dans le Haut-Rhin*, par M. Véron-Réville; les *Notes sur Euloge Schneider*, les *Sociétés politiques à Strasbourg*, la *Contre-révolution en Alsace*, par M. F. Ch. Heitz, et tout récemment encore l'*Histoire de la persécution religieuse en Alsace pendant la Révolution*, par M. l'abbé Winterer, curé de Mulhouse et député au Parlement de Berlin. Tous ces travaux cependant se rapportent à l'époque révolutionnaire proprement dite, à la période aiguë de la crise, et non point aux années qui suivirent le règne de la Convention nationale et la séparent de l'époque du Consulat et de l'Empire.

Cette période du Directoire, dont l'histoire départementale est encore presque partout à écrire, ne manque pas d'intérêt cependant, et mériterait aussi d'être étudiée en détail pour notre province. C'est l'ère des violences révolutionnaires, mais sans l'enthousiasme naïf ou farouche qui les excuse ou les justifie, l'ère aussi des désordres administratifs et financiers les plus scandaleux. La France, livrée aux aspirations les plus contradictoires, disputée par des partis également exaspérés en sens contraire, ne sait plus où trouver le calme et le repos ; ne voulant ni rester jacobine ni redevenir royaliste, elle finit par voir un sauveur dans le général Bonaparte et salue comme une heureuse délivrance le triste attentat du dix-huit brumaire.

L'administration directoriale, flottant dans ses actes et ses paroles d'une tolérance presque criminelle en faveur de l'ancien régime jusqu'aux extrêmes rigueurs du terrorisme conventionnel, a cependant un trait caractéristique à peu près constant. Elle est et elle reste ce que nous appellerions aujourd'hui anticléricale. La renaissance du catholicisme, que la Révolution croyait morte, l'exaspère et elle essaie de combattre cette renaissance avec des armes souvent peu loyales. Sous ce rapport aussi, l'Alsace subit le même sort que les autres provinces. C'est un modeste épisode de ces chicanes — le mot de persécutions serait ici trop ambitieux — que nous voulons esquisser dans ces pages. Les documents inédits mis en œuvre dans cette notice sont empruntés aux papiers relatifs à l'instruction publique en Alsace, réunis autrefois par M. Ch. Bœrsch et donnés par sa famille à la Bibliothèque municipale de Strasbourg. Ce sont les minutes et la correspondance même de l'administration départementale et municipale que nous avons sous les yeux; si nous ne pouvons nous astreindre à des citations continuelles, il est à peine nécessaire cependant de déclarer, une fois pour toutes, qu'il n'est pas un fait, pas un détail de notre récit qui ne soit emprunté à ces sources officielles.

II.

Le 4 thermidor de l'an VI (22 juillet 1798
le citoyen Zimmer, commissaire du Directoire
exécutif près l'aministration (*sic*) municipale
de la Commune de Strasbourg, recevait une
lettre, signée Thiébaut, qui contenait la dénonciation suivante :

« Citoyen,

« Peiné de voir que l'instruction d'une jeunesse naissante est confiée aux soins d'un être
dont l'immoralité vous est absolument inconnue, j'ai cru qu'il était de mon devoir de vous
dépeindre le caractère et la conduite vicieuse
du nommé Jean-Martin Schwœrer. Il a été
condamné en 1785 pour cause de vol à la dé-
tention dans la maison de force de Pforzheim,
puis banni du margraviat. Il escroqua à plusieurs habitants du bailliage de Mahlberg, à
Tundenheim, leur fortune entière, par la
prière de St. Christophe, du résultat de la-
quelle il leur promit une grande fortune (1).
« Quelle est l'éducation que cet être mépri-

---

(1) Sur la prière de S. Christophe (*Christoffelge-
bet*), formule employée pour évoquer les trésors ca-
chés, voy. Wuttke, *Der deutsche Volksaberglaube der
Gegenwart*, p. 387. Berlin 1869.

sable peut donner à cette jeunesse, faisant par état le métier de joueur de violon, dans les cabarets, jusqu'à des heures indues, remplissant le lendemain, dimanche ou fête, les devoirs d'un docte maître d'école, ayant à la fois grade de vicaire et de curé, qui par son hipocrisie attire tout le catolicisme imbécile de la Ville de Strasbourg et des communes voisines, qui par plusieurs reprises s'est rendu rebelle à la loi en prêtant le serment qu'elle exige et se l'abdiquant comme un célérat. »

Cette lettre était accompagnée d'un rapport du citoyen Baumert, commissaire de police à la Robertsau, avec lequel le dénonciateur s'était évidemment concerté pour l'attaque. Baumert disait dans ce document, rédigé en langue allemande, que depuis la Révolution les habitants de la Robertsau avaient toujours vécu en bonne harmonie; mais que depuis trois mois environ, les excitations cachées de Schwœrer avaient irrité les citoyens les uns contre les autres, et que Schwœrer lui-même était entré en collision avec plusieurs à cause de son caractère remuant et orgueilleux. « J'ai appris, continuait-il, et cela d'hommes dignes de foi, qu'en hiver Schwœrer donne le soir des leçons à des jeunes gens de tout âge, et qu'après la leçon il amuse les élèves des deux sexes non-seulement avec son violon, mais encore avec toutes sortes d'amusements absurdes (*ungereimbte Lustbarkeiten*), sans oublier les boissons. Ces productions musicales ont aussi lieu très-souvent, d'après la rumeur publique, dans une auberge (*œffentlichen Haus*) où ses deux filles sont en condition, et où elles figurent les premières et les dernières dans la salle de bal. Une femme qui fut obligée d'y chercher son mari à cinq heures du matin pour l'envoyer au travail et qui appelle encore aujourd'hui le citoyen Schwœrer « prêtre de Baal » (*Baalspfaff*), pourra en rendre témoignage.

« *PS.* Schwœrer a confié il y a peu de temps au citoyen Kunz, qui est encore en prison, un livre de prières et un vêtement d'église (*stohl*), qui ont été déposés chez le citoyen Marchand, juge de paix, et qui devaient servir sans doute à une violation nouvelle de la loi. »

Le commissaire du Directoire, en présence de cette double déclaration, qui visait l'*immoralité* flagrante d'un instituteur, tout en l'incriminant aussi, au point de vue religieux, dut être assez embarrassé de sa conduite, si les passions politiques n'aveuglaient pas son jugement. Il pouvait voir en effet qu'au fond de cette accusation le grief principal était celui qui se rapportait au culte. Le commissaire, tout comme le dénonciateur, appuyait, il est

vrai, sur le reproche d'inconduite, mais en ce
temps où l'instruction primaire reposait entre
de si tristes mains parfois, le fait de jouer du
violon dans l'auberge du village ne constituait
pas à coup sûr un cas d'indignité flagrante.
Le fonds de l'affaire était évidemment dans le
succès que Schwœrer, officiant d'une façon
plus ou moins régulière, obtenait auprès des
partisans du « catholicisme imbécile. » On
voulait empêcher la formation de congréga-
tions religieuses, non défendues par la loi, et
l'on ne trouvait point d'autre moyen pour atteindre le directeur. C'est du moins ce qui,
pour nous, ressort d'un examen attentif du
dossier, sans que nous voulions défendre pour
cela le maître d'école de la Robertsau, dont
la vie et le langage ne peuvent inspirer qu'une
médiocre estime.

Zimmer se décida finalement à citer devant
lui le citoyen Schwœrer et à l'entendre dans
sa défense, avant de passer outre. Mais l'instituteur se refusa de comparaître, plaidant la
maladie, qui ne l'empêcha pas, cependant, de
rédiger une longue lettre à l'administration
municipale, afin de se laver des accusations
portées contre lui. Elle fut expédiée à la date
du 16 thermidor de l'an VI (3 août 1798). Nous
y voyons que dans l'intervalle un nouvel en-
nemi lui était venu dans la personne du sieur

Keller, secrétaire de la municipalité dans la Robertsau. La lettre de Schwœrer, rédigée en allemand, commence par repousser l'insinuation faite par ses accusateurs. Il n'a point été coupable, dans son pays natal, du méfait dont on l'accuse. Croit-on que si ça était vrai, il aurait pu s'échapper sans punition de sa patrie? « Mais, ajoute-t-il, — et cette phrase nous donnerait à penser si même nous n'apprenions qu'il fût véritablement condamné — étant admis même que j'aie été puni là-bas pour une faute commise, je pensais que, d'après les lois de la République, on ne saurait me punir une seconde fois.

« On m'accuse de n'être pas digne d'être considéré comme républicain. Je joins à ces lignes les certificats écrits de mon républicanisme. J'invoque comme témoins tous les citoyens du Neuhof; qu'ils disent si, lors de la proclamation de la Constitution, je ne me suis pas fait inscrire le premier sur les listes de la garde nationale, si je n'ai pas rempli longtemps, et tout gratuitement, les fonctions de secrétaire dans la commune; qu'ils disent si je n'ai pas donné à la patrie mon fils unique qui jusque-là me soutenait, ainsi que ma femme et mes autres enfants, et cela encore volontairement et sans prime. Je ne me suis pas fourré dans un coin comme tant d'autres

qui ont su pourtant passer toujours pour de
bons républicains.

« Les pièces que je joins à ma lettre prou-
veront que j'ai servi fidèlement, depuis onze
années entières, la patrie et la république,
sans avoir jamais violé les lois. Déjà une fois
j'ai été faussement accusé à Dangolsheim, et
l'on y a envoyé alors quelques membres de
l'administration cantonale de Wasselonne. Le
citoyen Feyhl, commissaire à Wasselonne, a
constaté que le tout n'était qu'une calomnie
de mes ennemis. Un examen attentif montrera
de même aujourd'hui le peu de fondement
des accusations portées contre un pauvre
étranger sans appui par des adversaires affa-
més de vengeance, afin de le chasser, lui, sa
femme et ses enfants, et de le réduire à la
dernière misère. »

La lettre se termine par un dernier appel
« aux généreux administrateurs de la chose
publique »; ils n'abandonneront pas l'accusé
aux mains levées contre lui sans avoir exa-
miné sérieusement les charges produites.
« Salut et fraternité. Jean-Martin Schwœrer,
maître d'école. »

A cette pièce étaient joints les documents
suivants : un certificat de bonne conduite délivré par la municipalité de Wagenstadt, lieu
de naissance de Schwœrer, et daté du 18 juil-

let 1798 ; un double certificat de civisme émanant de la municipalité de Dangolsheim , du 10 thermidor an II et du 24 messidor an VI ; enfin le même brevet de bon citoyen , délivré par l'administration du Neuhof le 13 pluviôse an II. Un dossier si bien en règle devait faire, ce semble, hésiter le représentant du gouvernement à prendre une mesure sévère avant toute nouvelle enquête, mais il n'en fut rien.

III.

Le jour même où le citoyen Zimmer recevait la lettre et les pièces qui y étaient jointes, il adressait un réquisitoire aux « administrateurs de la Commune de Strasbourg », en leur transmettant les dénonciations contre le maître d'école, et sollicitait contre lui des mesures sévères. Il assurait que Schwœrer avait tenu une conduite répréhensible à Dangolsheim et au Neuhof déjà, et disait en paraphrasant les rapports reçus, mais en les exagérant encore : « Il joint à la conduite la plus immorale, à l'attachement aux prêtres réfractaires, l'infamie de servir de violon à ses écoliers des deux sexes, auxquels il donne à danser des nuits entières et leur permet toutes sortes d'orgies. » On remarquera comment, dans cette pièce ainsi que dans les précédentes, l'inconduite et l'attachement au culte sont bizarrement enchevêtrés dans un même acte d'accusation. Il en sera de même jusqu'au bout.

Les membres du *bureau de l'instruction publique*, dont ressortissaient alors les affaires scolaires à Strasbourg, se réunirent le 19 thermidor suivant pour examiner les pièces, et, le jour même, sans nouvel examen, prirent l'arrêté suivant :

« Vû le réquisitoire du commissaire du Directoire exécutif près cette commission, sur le vû de l'acte de dénonciation contre le citoyen Schwœrer, instituteur à la Robertsau, et de différentes pièces à sa charge, dont il appert que ce particulier, chassé des pays autrichiens et du margraviat de Bade, pour cause de vol et de friponnerie, est venu s'établir en France, où sa conduite est aussi immorale, jouant du violon dans des orgies, des nuits entières, semant par des menées et des intrigues des troubles parmi les habitants de ces lieux et paraissant être attaché aux prêtres réfractaires ;

« Vû la dénonciation et la lettre du commissaire de police de la Robertsau, en date du 4 courant, et le procès-verbal d'information du même, en date du 12 du même mois ; la lettre du grand-bailliage de Mahlberg, du

17 juillet 1798, et l'extrait des procédures criminelles du dit bailliage, en date du 16 septembre 1785;

« Vû la défense du citoyen Schwœrer et cinq certificats de bonne conduite, dont un, de Wagenstatt (Bade), a été altéré dans sa date et le corps de la pièce,

« Arrête :

« Que les griefs contenus dans le second acte ne sont pas suffisamment détruits par Schwœrer, que ces griefs sont de nature à forcer l'administration, pour le maintien du bon ordre, de prendre à l'égard de cet instituteur les mesures requises,

« Considérant qu'il résulte aussi des pièces précitées que le même Schwœrer préside au culte catholique à la Ruprechtsau et que sous prétexte de l'exercice de ce culte, il y suscite des troubles et y a fait lecture d'un écrit défendu par la loi du 7 vendémiaire an IV, titre 5, article 22; que par conséquent il ne peut qu'être compris dans les dispositions pénales de cette loi et de celle du 22 germinal de la même année,

« A provisoirement suspendu le citoyen Schwœrer comme instituteur et charge la Commission de visite des écoles et pensionnats d'une plus-ample information touchant la conduite tant morale que politique du dit instituteur.

« A de même provisoirement interdit audit Schwœrer d'exercer aucun ministère quelconque ou culte, pour raison de contravention aux lois précitées dont il paraît s'être rendu coupable.

« Le commissaire de police de la Ruprechtsau communiquera le présent arrêté au citoyen Schwœrer et y tiendra la main. »

On ne peut guère douter, après avoir lu cette délibération, que Schwœrer n'ait été coupable en effet de quelque escroquerie dans son pays natal, bien que les pièces alléguées au cours de l'arrêté ne figurent malheureusement plus au dossier.

Le commissaire de police ayant notifié cet arrêt, expédié cinq jours seulement après la séance, c'est-à-dire le 24 thermidor, le maître d'école riposta le 1er fructidor (1er août) par une longue protestation contre ce qu'il appelait, non sans quelque raison, de la tyrannie à son égard. Elle est également rédigée en allemand, Schwœrer ne sachant que peu de français, ce qui ne saurait nous surprendre de la part d'un Badois fugitif et vivant depuis sa fuite dans de petites communes rurales où la langue officielle n'avait point pénétré encore. Après nous avoir indiqué son domicile, à l'ancienne école catholique, n° 154, Schwœrer commence par se défendre du reproche d'avoir méconnu la Constitution de l'an III, qu'il avait promis de respecter sous la foi du serment. Il déclare qu'il veut vivre, non pas en esclave, mais en homme libre, dans une vraie république. Il est prêt à crier avec tous les bons citoyens : Vive la république ! mais aussi veut-il être jugé et traité selon les lois et non pas comme un esclave, sur d'indignes dénonciations comme celles faites en ce moment à la Robertsau.

« On m'accuse d'être un perturbateur de l'ordre public ! Voici le motif véritable de cette accusation : La Constitution de l'an III, titre 14, § 359, dit que la demeure de chaque citoyen est inviolable ; la nuit, personne n'a le droit d'y pénétrer, etc. Moi, comme maître d'école, chargé d'interpréter la Constitution, j'ai averti certains citoyens de la Robertsau, qu'on l'avait violée à leur égard, par l'organe du citoyen Jean Friedolsheim, commandant de ligne, du commissaire de police Baumert, et du secrétaire Keller, en occupant leurs maisons et en y pratiquant des fouilles nocturnes. Ces gens ont porté plainte devant le juge compétent, et moi aussi. Voilà pourquoi ils m'accusent de troubler l'ordre public ! »

« Quant à l'accusation que je joue toutes les

2

nuits dans des auberges mal famées et des maisons de prostitution, voici ce qui en est : Le 6 nivôse de l'an VI, je jouais dans la maison du citoyen Louis Wedel, où Baumert et Keller se trouvaient eux-mêmes ; le 5 germinal de la même année, je jouais également chez le citoyen Jean-David Schwing, où ces deux se trouvaient encore. Le dernier hiver, il arriva parfois que quelques citoyens vinrent me rendre visite avec leurs femmes, après l'école du soir, et s'égayaient un peu chez moi. Le commandant Friedolsheim lui-même est venu s'amuser sous mon toit, en compagnie de sa femme. Le 4 thermidor an VI, je fus appelé avec mon violon à la campagne de la citoyenne de Peyer, qui avait permis à ses jardiniers et ses servantes de danser. Si maintenant le commissaire de police appelle ces localités des maisons mal famées, je regrette d'y avoir joué. Mais je n'y ai point vu de personnes de mauvaise vie, et j'invoque le témoignage de tous ceux qui furent présents pour établir que mon jeu n'a pas duré toute la nuit.

« Je demande aussi que mes accusateurs fournissent la preuve rigoureuse de leur assertion que je suis un ami des prêtres non assermentés. Je m'en suis séparé pourtant dès la proclamation de la Constitution (de 1791),

et j'ai eu suffisamment à souffrir de leurs partisans, soit à Dangolsheim, soit au Neuhof.

« Pour ce qui est d'une lecture illégale faite
par moi, je ne crois pas que la loi me défende
de donner lecture à mes concitoyens de certificats justificatifs se trouvant entre mes mains.
Cela n'a eu lieu qu'après la fin du service, et la
Constitution de l'an III n'a défendu l'exercice
d'aucun culte, quelque nom qu'ait la religion
professée. Étant un serviteur à gages, en ma
qualité de maître d'école, j'ai dû obéir aux
ordres de mes maîtres, qui me fournissaient
mon traitement — (c'est-à-dire les pères de
famille) — et lire mes certificats dans la sa-
cristie, toutes portes ouvertes, mais non pas
dans un conciliabule secret.

« Je ne pense pas qu'on veuille me repro-
cher d'avoir célébré le culte (1); la loi me le
permet par l'article 354, car ma déclaration
préalable à cet égard est encore affichée dans
l'église de la Robertsau. Ceux-là seuls m'accusent d'exciter des troubles en célébrant ce

---

(1) Il ne s'agit pas, bien entendu, des cérémonies
saintes de l'Église catholique ; Schwœrer ne songeait
pas à dire la messe, et les fidèles n'auraient point
assisté à pareille profanation ; lui-même parle toujours d'un *bürgerlicher Gottesdienst*, c'est-à-dire d'un
culte qui se composait uniquement de discours et
peut-être de prières.

culte qui ne peuvent souffrir qu'on adore Dieu
et persécutent de toute manière les citoyens
qui veulent le faire sous la protection des lois.
Dans mes discours à l'église j'ai sans cesse
prêché à mes auditeurs l'amour de la paix et
le support fraternel. Je le prouverai par des
témoins, non-seulement de la Robertsau,
mais aussi de Strasbourg, qui ont suivi jusqu'ici les exercices du culte dans notre église.
Si je suis coupable, que *la loi* me punisse !
Salut et fraternité ! »

IV.

L'apologie de Schwœrer lui procura, trois
jours plus tard, la visite des commissaires
de l'administration municipale, curieux sans
doute de s'assurer *de visu* de la réalité des
choses. C'étaient les citoyens Zimmer, déjà
nommé, Rozières et Valentin Schnéegans. Ils
parurent à la Robertsau le 4 fructidor et firent
appeler tout d'abord le commissaire de police Baumert pour les renseigner sur la topo-
graphie scolaire de la localité. Le commissaire leur signala trois écoles privées dans le
village, celles de Jean Brief, de Jean-Martin
Schwœrer et de Daniel Struve. Quant à des
écoles publiques, il n'en existait pas encore
dans les villages. La Convention en avait bien

voté la construction jadis, mais elle n'avait
pu mettre les fonds nécessaires à la disposi-
tion des communes, et sans l'initiative de per-
sonnalités, souvent très-peu capables, le plan
d'éducation générale imaginé par les législa-
teurs républicains, serait resté *complètement*
stérile. A Strasbourg même, dans une des
villes les plus éclairées du pays, nous voyons
les individualités les plus baroques annoncer
à la municipalité leur intention d'ouvrir une
école et réclamer d'elle l'abandon d'un édi-
fice public pour s'y établir avec leurs futurs
élèves. Si donc la Robertsau comptait trois
maîtres d'école, quelque médiocres qu'ils
fussent, elle pouvait passer encore pour une
des agglomérations rurales les plus favorisées
de la république.

Les commissaires s'étant rendus au domicile de Schwœrer, engagèrent avec lui la con-
versation suivante, que nous copions au procès-verbal officiel; ils lui demandent :

« — Quel est son âge? — Quarante-six ans.

— Son lieu de naissance? — Wagenstatt
dans le pays de Bade.

— Sa première qualité? — Maître d'école
audit lieu.

— Combien de temps il a été là-bas? —
Neuf ans.

— Comment il a quitté ce lieu? — Volon-

tairement et a été mû à cela par cause de dé-
goût.

— A quel service s'est-il placé? — Il s'est
rendu en France, à Plobsheim, où il a instruit
les élèves par des instructions privées.

— A quelle époque il a quitté la terre d'Empire pour la France? — Il est environ treize
ans en France.

— Combien de temps il a été à Plobsheim?
— Environ un an neuf mois.

— Où s'est-il rendu ensuite? — Il est allé
de là à Graffenstaden, où il a été trois mois
instituteur. De là au Neuhof, où il est resté
six ans comme maître d'école, en faisant fonctions de secrétaire audit lieu dans le com-
mencement de la Révolution. De là il est allé
à Dangolsheim, où il a fait fonctions de secrétaire et d'instituteur depuis 1793 et pendant
l'espace de quatre ans; de là à la Robertsau,
où il est depuis un an. »

Remarquons en passant que ces premières
paroles ne figurent que dans la minute du
procès-verbal; tout ce que nous venons de
citer est supprimé, on ne sait trop pourquoi,
dans l'expédition officielle, qui reprend ainsi :

« *Demande :* S'il s'est conformé à l'arrêté du
Directoire exécutif du 17 pluviôse dernier et
à la délibération de l'administration centrale
du département du 17 floréal dernier?

Réponse : Il le croit.

Demande : S'il a enseigné les Droits de l'Homme et la Constitution ?

Réponse : Qu'il ne les a pas enseignés et qu'il n'y a que quelques mois qu'il a acheté la Constitution.

Demande : Quels sont les livres élémentaires qu'il enseigne ?

Réponse : Il ne fait usage d'autres livres élémentaires que de ceux que les enfants apportent eux-mêmes et qui consistent dans l'A B C et le catéchisme usité dans l'ancien régime.

Demande : Quel est le premier article des Droits de l'Homme ?

Réponse : Qu'il n'en a pas connaissance.

Demande : S'il observe les décadis et fêtes républicaines ?

Réponse : Qu'il ne tient pas école les décadis et jours de fêtes républicaines ; quant aux autres jours, les enfants la fréquentent, à l'exception des dimanches, malgré l'annonce publique que lui, instituteur, a faite aux parents d'envoyer ce jour-là les enfants à l'école.

Demande : Si on l'honore du nom de citoyen ?

Réponse : Que les enfants lui donnent le titre de Monsieur le maître d'école, suivant l'ancien usage.

Demande : Quel est l'âge des enfants qui fréquentent l'école ?

Réponse : Que ce sont des enfants de l'âge de 6 à 11 ans, auxquels il apprend à lire et à écrire.

Demande : S'il observe le calendrier républicain.

Réponse : Qu'il ne fait usage que du calendrier républicain.

Demande : S'il enseigne l'arithmétique ?

Réponse : Non.

Demande : S'il connaît l'arithmétique et le calcul décimal ?

Réponse : Qu'il est en état d'enseigner les cinq espèces et la règle de trois d'après l'ancien usage, mais qu'il ignore le calcul décimal.

Lecture faite du procès-verbal, qui a été interprété audit citoyen Schwœrer en langue allemande, ne connaissant pas la langue française, il a déclaré contenir vérité et a signé. »

A cet endroit de la pièce se trouve en effet le nom de J. Martin Schwœrer, écrit d'une main lourde et tremblante, et l'on devine encore aujourd'hui, en regardant ces quelques mots, l'émotion qui devait agiter alors le malheureux maître d'école.

Cette première formalité remplie, les commissaires font appeler devant eux un certain nombre d'habitants de la Robertsau pour déposer sur « la conduite politique et morale » du citoyen Schwœrer.

Le premier qui paraisse est le dénonciateur primitif, Louis Thiébaut, qui se présente comme secrétaire du citoyen Jean Friedolsheim, déjà nommé, commandant de ligne à Drusenheim. Ses fonctions lui laissent, paraît-il, une assez grande liberté, car il est domicilié à Strasbourg. Il ne fait que confirmer ses premières attaques.

Louis Brech, « pensionnaire ecclésiastique » à la Robertsau, c'est-à-dire sans doute ancien religieux, dépose que Schwœrer jouait du violon durant le printemps et l'été, pour engager les personnes à la danse.

Jean-Antoine Gallay, officier en retraite, déclare que la conduite de l'accusé est « immorale dans tous les genres ». Il raconte que Schwœrer, après le service divin, se rendait à l'auberge du *Tilleul*, située sur l'emplacement de l'Orangerie actuelle (1) et célèbre alors dans les fastes du plaisir strasbourgeois. Il s'y trouvait un arbre gigantesque, entre les branches duquel on avait dressé des kiosques,

---

(1) L'auberge *au Tilleul*, près du canal, a perpétué ce nom, mais l'emplacement n'est pas absolument le même.

2.

qui, le soir surtout, étaient le rendez-vous favori de tous les amoureux de la garnison de Strasbourg. C'est là que Schwœrer faisait de la musique et amenait ses propres filles. Le témoin prétend « que le lendemain'il était soul, yvre-mort », que l'on était obligé de le traîner chez lui vers cinq heures du matin et que, l'heure de l'école arrivée, il n'y avait plus de maître, si ce n'est son fils, âgé de treize à quatorze ans, qui devait faire en effet un singulier professeur.

Le quatrième témoin, Mathias Schuler, jardinier à la Robertsau, raconte qu'il avait autrefois envoyé ses quatre enfants à l'école de Schwœrer, mais que « la conduite démesurée et immorale » de ce dernier l'a forcé de les en retirer. « Il est particulièrement à sa connaissance, dit le procès-verbal, que cet hiver, vers le soir, il appelait la jeunesse à son école sous prétexte de l'enseignement; que les garçons et les filles de l'âge de dix-sept à dix-huit ans commençaient à jouer entre eux, lequel jeu fut toléré par Schwœrer jusqu'à minuit. »

Le citoyen Jacques Gold, cultivateur à la Robertsau, déclare également connaître Schwœrer comme « un être immoral qui excite la division entre les citoyens de la Robertsau; que, dans l'hiver, la jeunesse est venue chez lui vers huit heures du soir; que là, après une courte instruction, cette jeunesse des deux sexes, de dix-sept à vingt ans, s'est mise à jouer entre elle, et que ledit Schwœrer les gardait jusqu'à minuit, au mécontentement des voisins, qui furent inquiétés pendant la nuit par le bruit et le tapage qui résultent de ces jeux. »

Un dernier témoin, Joseph Schwing, marguillier et fossoyeur, vient confirmer la déposition faite par lui le 12 thermidor dernier au commissaire de police. Mais comme nous ne possédons point le procès-verbal du commissaire, nous ne pouvons savoir quelle fut cette déposition.

En général on doit s'étonner que le rapport des délégués de l'administration ne renferme que des dépositions hostiles à l'inculpé, quand cependant Schwœrer se faisait fort, et d'une manière si catégorique, d'établir son innocence. Avait-il impudemment menti dans sa lettre du 1er fructidor, ou bien l'habileté de ses ennemis avait-elle réussi à écarter de l'enquête les personnes disposées à parler en sa faveur? On trouve au dossier une liste des témoins, du double plus longue ; parmi ces noms, ceux de trois femmes, qui ne figurèrent pas devant les commissaires. Ce n'étaient pas tous des amis, en tout cas, car nous possédons la déposition autographe du citoyen Jaseron, l'un des témoins non appelés, et nous la donnons, fidèlement copiée sur l'original. Comme elle est fort courte, on nous permettra de la donner en allemand, car elle perdrait de son cachet si nous la traduisions ou si nous en enlevions seulement les nombreuses fautes d'orthographe.

« Dass ist mein declaration. Ihr herren, Ich hab die Ehr den Bürger Keller zu kennen schon sieben Jahr lang als ein Menschenfreind und ein guder Reppubliquen wo ich nicht das mindeste nacht reden kœnte.

« Alsdan ist von dem Schwœrer zu reden, als ein stifter der bürger woh nicht sucht alss hendel dennen die nicht in die kirche zu ihm gehen. Mir seind ungefehr 12 burger, die gut denken, die nicht zu dem schlechten mann gehen. Das bekenne ich. Jaseron. »

Cette déposition est intéressante surtout à nos yeux, parce qu'elle fait mieux ressortir l'uniformité de toutes celles qui sont renfermées au procès-verbal officiel. Ce que le citoyen Jaseron reproche au maître d'école, ce n'est point cette *immoralité* qui revient toujours chez les autres, c'est sa propagande religieuse, son intolérance, si l'on préfère, envers ceux qui ne sont pas de son église. Et lorsque le témoin ajoute « qu'ils sont environ *douze* citoyens bien pensants, qui refusent

d'aller au culte de ce méchant homme », je
crois bien qu'il est permis de surprendre dans
cet aveu naïf le secret de toutes ces pour-
suites. Douze citoyens sur les centaines de
catholiques que compte la Robertsau d'alors !
Ainsi l'immense majorité des habitants est re-
tournée au culte, elle est avide de secours religieux, au point qu'un individu peu honorable
en somme, une espèce de ménétrier, parlant
au nom de l'Eglise — avec ou sans mandat,
peu importe — attire à lui, non-seulement les
croyants de l'endroit, mais même les « catholiques imbéciles » de Strasbourg, pour parler
comme une des pièces citées plus haut. C'est là
ce qui irrite les fonctionnaires et les notables
de la Robertsau ; le commissaire de police se
ligue avec le secrétaire de la commune, et les
représentants de l'autorité militaire se mettent
de la partie. Les gens « bien pensants » ne
peuvent permettre que leur lieu de résidence
soit déshonoré par ces « mômeries » et l'on
décide de faire déguerpir le coupable. Mais
comment s'y prendre? La loi permet toute
réunion publique de culte, pourvu qu'il y ait
eu déclaration préalable et que l'ordre n'y soit
point troublé. C'est donc sur un autre terrain
qu'il faut attaquer Schwœrer. On a eu connaissance d'un acte de friponnerie commis,
il y a bien des années, en pays étranger ; cela

ne suffirait pas peut-être. Mais sa conduite privée prête davantage à l'attaque. C'est là que vont porter les coups. Et, l'intrigue ourdie, nous voyons en effet les témoins défiler l'un après l'autre pour accuser l'*immoralité* du maître d'école. Qu'est-ce pourtant ce qu'on lui reproche en définitive, surtout si nous jugeons le cas avec l'esprit infiniment plus tolérant de nos ancêtres du XVIII° siècle ? Il a été au cabaret, faire sauter au son de sa viole les habitants et les hôtes du village ; il a laissé danser chez lui ses élèves après la leçon du soir. Assurément aujourd'hui l'instituteur qui prendrait pareille licence serait réprimandé de la façon la plus sévère par ses supérieurs, et ceux-ci auraient mille fois raison. Mais quand on songe ce qu'étaient alors les écoles de village — quand il y en avait, ce qui était rare — on est étonné de ce rigorisme farouche, qui ne serait compréhensible que chez des habitants d'une capitale, mais qui paraît risible chez les cultivateurs et les jardiniers de la Robertsau. Mais ces réunions de jeunes filles et de jeunes garçons se tenaient alors partout en Alsace, et aujourd'hui même les *Spinnstuben* n'ont pas encore entièrement disparu de nos mœurs. Il valait assurément mieux que la jeunesse du village se récréât sous les yeux du maître d'école que d'aller

s'amuser ailleurs. Schwœrer affirmait du reste
— nous l'avons vu par sa lettre — que ses
accusateurs eux-mêmes étaient venus s'ébat-
tre sous son toit, et aucun de ceux que tou-
chait cette accusation directe ne s'est inscrit
en faux contre cette parole. Aussi devons-
nous tenir en mince estime les dénonciations
des Friedolsheim, Baumert, Keller et consorts,
et le résultat même de l'enquête que nous
venons de citer fortifie la conviction qu'il s'a-
gissait ici beaucoup plus d'une manifestation
antireligieuse de la part des dénonciateurs,
manifestation compliquée de vengeances privées, que d'une mesure d'intérêt public Quant
aux commissaires de Strasbourg, sans doute
ils furent sincères en punissant une conduite
aussi peu décente que l'était celle de Schwœrer. Deux d'entre eux, Zimmer et Schnéegans,
étaient désintéressés dans la question religieuse, puisqu'ils appartenaient au protestan-
tisme. Les réponses du maître d'école avaient
d'ailleurs rendu son acquittement impossible.
On lui aurait pardonné de jouer du violon la
semaine, peut-être même de prêcher le dimanche. On ne pouvait lui pardonner d'igno-
rer les *Droits de l'Homme.*

V.

Rentrés en ville, les délégués conférèrent avec leurs collègues du bureau de l'instruction publique, et le 7 fructidor ils prenaient l'arrêté suivant :

« Considérant qu'il résulte des déclarations faites par ledit Schwœrer lui-même qu'il n'a point enseigné à ses élèves ni la Constitution ni les Droits de l'Homme ; qu'il n'a fait usage d'aucun livre élémentaire adopté par la Convention ; que la dénomination féodale de *Monsieur* est encore en usage à ladite école ; qu'il est par conséquent évident que les principes dans lesquels l'école est dirigée sont ceux usités par l'ancien régime, et que l'instituteur, loin de les proscrire, les a plutôt protégés ;

« Considérant qu'il est prouvé particulièrement par la déposition de témoins que le caractère dudit Schwœrer est flétri ; qu'au lieu de donner un bon exemple à la jeunesse, il les exhorte et les anime à des actes indécents en souffrant dans son école même, à des heures indues, des rassemblements nocturnes de la jeunesse, où, sous prétexte d'un enseignement, elle se livre à des dérèglements et des inconduites déplacées ;

« Considérant en outre que la conduite dudit Schwœrer ne s'allie point avec la qualité d'instituteur, dont les mœurs doivent être irréprochables ; que déjà sa conduite antérieure désigne ledit Schwœrer comme un être turbulent et un mauvais sujet ; que son immoralité s'est fait apercevoir surtout dans ces réunions nocturnes tenues à l'auberge du *Tilleul*, où il a servi de violon ;

« Considérant enfin qu'il est notoire que ledit Schwœrer a suscité des divisions parmi les habitants de la Rupertsau par ses intrigues et qu'il cherche à les entretenir,

« Arrête :

« 1° Que l'école particulière tenue par le citoyen Schwœrer à la Rupertsau sera définitivement fermée ;

« 2° Qu'il lui soit interdit de ne plus tenir école ni de donner instruction en public, tant dans cette commune de Strasbourg que dans sa banlieue. »

Cette décision fut communiquée le 16 fructidor au citoyen Marchand, juge de paix du second arrondissement de Strasbourg, par le commissaire du Directoire exécutif, avec ordre de tenir la main à son exécution. En même temps l'administration communale soumettait son arrêté à l'autorité supérieure, l'administration centrale du Bas-Rhin, avec prière de la ratifier à son tour. Celle-ci se réunit le 21 fructidor, et confirma la sentence en visant les délibérations de la municipalité strasbourgeoise. Schwœrer était derechef convaincu « de tenir une conduite immorale, jusqu'à jouer du violon dans des orgies, et de présider au culte catholique »; d'avoir négligé les Droits de l'Homme et la Constitution; d'avoir fait usage de l'ancien catéchisme; de « se faire honorer par la dénomination féodale de *Monsieur* au lieu du titre de citoyen », etc. Pour tous ces motifs, l'administration départementale approuvait l'interdiction de l'enseignement public et l'étendait même à tout le département. Elle chargeait en même temps la municipalité de vérifier les autres griefs que l'on faisait valoir contre le coupable, « les écrits séditieux dont il fait lecture lors de l'exercice du culte, comme aussi de vérifier si, en conformité de la loi du 19 fructidor an V, il a prêté le serment de haine à la royauté et à l'anarchie, d'attachement et de fidélité à la République et à la Constitution de l'an III. » La délibération devait être transmise au sieur Schwœrer, ainsi qu'au Ministre de l'Intérieur. Elle était signée du citoyen Grimmer, président, et des citoyens Bertrand Kugler et Gottekin, assesseurs.

Quand on essaie de se rendre compte des

arguments allégués en faveur de ces mesures sévères — elles privaient Schwœrer de tout moyen de gagner sa vie dans l'étendue du département entier — on n'est guère disposé, je l'avoue, à admirer, soit le jugement, soit la parfaite loyauté des administrateurs qui les décidèrent et leur donnèrent leur approbation. Il faut remarquer tout d'abord que l'arrêté municipal lui-même qualifie d'*école particulière* celle de l'inculpé badois. La surveillance officielle aurait donc pu se montrer discrète à son égard, et non tracassière, puisque le gouvernement n'était point directement responsable des études faites là-bas par la jeunesse de la Robertsau. Qu'est-ce que Schwœrer pouvait y faire si les parents refusaient d'envoyer le dimanche leurs enfants à l'école? Comment ne pas employer le catéchisme catholique s'il devait leur enseigner les éléments de la religion paternelle? Et les citoyens Zimmer et Rozières connaissaient-ils réellement assez peu leurs concitoyens *extra-muros* pour croire qu'il était possible d'appliquer à l'instruction de leur progéniture d'alors les manuels rédigés sur les bords de la Seine par ordre de la Convention Natio-tionale? Quant à ne pas enseigner à ces débutants de la science les principes de la Constitution et leur faire épeler l'alphabet dans les

Droits de l'Homme, il n'avait peut-être pas tort, au point de vue pédagogique, de se refuser à faire de la politique avec des enfants, et l'on peut admettre en tout cas que, l'eût-il essayé, il n'aurait pas été compris. Un des collègues de Schwœrer, à la Robertsau, le citoyen Jean Brief, s'était mis, il est vrai, à cette rude besogne et faisait chaque jour à ses quatre-vingts élèves, âgés de six à douze ans, l'explication de ces documents politiques, en même temps que « de plusieurs autres livres élémentaires et républicains à la portée des enfants », mais il se plaignait lui-même aux inspecteurs municipaux de ne pas trouver chez ses élèves « une attention fortement soutenue. »

Quant au titre *féodal* accepté par ce pauvre instituteur, auquel ses élèves de *l'ancien régime* continuaient à dire *Herr Schullehrer*, on avouera que l'accusation est tout simplement grotesque. Nous avons déjà dit ce que nous pensions de ces reproches d'immoralité, d'inconduite, de ces dérèglements et de ces orgies que l'on rappelle sans cesse, sans qu'aucun fait nouveau vienne appuyer et fortifier les dénonciations primitives. A ce point de vue, la phrase de l'arrêté départemental, accusant Schwœrer d'immoralité « .... jusqu'à présider le culte catholique », nous paraît encore une fois laisser échapper naïvement le secret de toute cette croisade contre un malencontreux maître d'école.

Le juge de paix du deuxième arrondissement, le citoyen Marchand, saisi du dossier, fit diligence dans ses recherches au sujet du serment de haine à la royauté que Schwœrer était accusé de n'avoir point prêté. Dès le 6 vendémiaire an VII (27 septembre 1798), l'administration municipale savait que, sous ce rapport du moins, l'inculpé avait rempli ses devoirs civiques et prêté le serment requis en bonne et due forme dès le 25 pluviôse dernier.

On imposait alors des serments analogues, non-seulement à tous les fonctionnaires, mais même aux plus humbles institutrices, croyant ainsi fortifier la République et empêcher royalistes ou jacobins de renverser le Directoire à leur profit. Nous avons rencontré parmi les papiers de M. Ch. Bœrsch, donnés à la Bibliothèque municipale, la déclaration suivante, écrite sur un chiffon de papier et que nous copions intégralement :

« Je me sumet in tout ce que la loi exige et m'ordonne, excepté ce qui est contre la loi de dieu. Le 29 mesidor l'an VII de la République. Salu fradernité. Marie-Odile Jeny. »

Qui n'entendrait, à la simple lecture de ces

paroles incorrectes, comme un vague écho de la grande lutte entre la Révolution et l'Eglise, lutte qui fit dévier la première de sa route et l'empêcha de porter tous ses fruits? Dans cette parole d'une femme inconnue, — quelque sœur converse sans doute, quelque *Lehr-schwester* chassée de son couvent et gagnant sa vie en continuant l'exercice de sa profession première — on sent comme la révélation d'une grande force morale, prête à résister, s'il le faut, à la violence extérieure, tout en pliant en apparence avec une flexibilité toute féminine.

VI.

Qu'advint-il du citoyen Schwœrer après la décision du 21 fructidor? Fut-il obligé de quitter nos parages pour chercher ailleurs une contrée plus hospitalière? Continua-t-il, à défaut d'école, à prêcher à l'église le matin et à faire vibrer son archet le soir, sous les ombrages du *Tilleul?* Est-il retourné sur la rive droite du fleuve, dans son ancienne patrie, ou bien a-t il continué à vivre aux portes de notre ville, survivant à la République et à l'Empire? Je ne sais et, pour dire vrai, peu m'intéresse en définitive (1). Je n'éprouve

(1) Il est probable cependant que Schwœrer resta dans notre banlieue, car un honorable habitant de

qu'une médiocre sympathie pour le compère
rusé qui par ses prétendus sortiléges escro-
quait les écus des paysans du bailliage de
Mahlberg avant de devenir un des soutiens
de l'Eglise aux environs de Strasbourg. Si j'ai
parlé un peu longuement de lui, ce n'est pas
pour en faire un héros ni un martyr. Mais les
documents qui le concernent m'ont semblé
instructifs et curieux comme un témoignage
quasiment officiel de la sourde colère qu'ex-
citait alors dans un certain monde la renaissance du catholicisme que l'on croyait étouffé
pour toujours sous les attaques de la philo-
sophie et les coups répétés de la Convention
nationale. C'est bien positivement la religion
que certains d'entre les accusateurs au moins
de Schwœrer désiraient atteindre et détruire
dans un cercle restreint. C'est pour donner
une idée de cette lutte sourde engagée partout en France entre les principes révolutionnaires et les tendances religieuses, avant
que le Concordat vînt définitivement la tran-
cher en faveur de ces dernières, que j'ai ré-
sumé ce dossier, rencontré par un heureux

---

la Robertsau vient de m'apprendre qu'une de ses
filles au moins y résidait encore après son mariage,
et qu'elle y a vécu jusqu'à une époque relativement
récente.

hasard. Il s'en dégage une moralité qui n'est pas seulement d'un jour, mais qui reste toujours la même et qu'on ne doit point se lasser de proclamer sans cesse: c'est que la liberté véritable ne se maintient que grâce à la liberté de tous, et que celui qui ne sait point respecter celle des autres n'est point digne encore de la posséder lui-même.

www.ingramcontent.com/pod-product-compliance
Lightning Source LLC
LaVergne TN
LVHW010433060726
842526LV00005B/1772